JN088985

新装版

小鍋でいろいろ

アヒージョ

田村つぼみ 著

part 1
魚介のアヒージョ

part 2
肉のアヒージョ

part 3
野菜ときのこのアヒージョ

contents

part 4
変わり種アヒージョ

● **本書の決まりごと** ●

材料はすべて2人分
糖質・タンパク質量は1人分で計算しています

※計量単位／大さじ1＝15cc、小さじ＝5cc
　唐辛子＝赤唐辛子
　ひとつまみ＝親指、人差し指、中指の3本でつまんだ量
　適量＝自分好みのちょうどよい量。必須。
　適宜＝自分好みのちょうどよい量。必須ではない。
　なお、調理に使用する鍋の素材、サイズによって、
　材料の分量や加熱時間などが多少異なる場合があ
　ります。

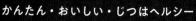

かんたん・おいしい・じつはヘルシー

アヒージョの魅力

スペイン語で「刻んだにんにく」という意味のアヒージョ。にんにくとオリーブ油の香りが引き立つアヒージョは、じつはとっても簡単で健康にもうれしいメニューです。

魅力

1

小鍋でクツクツひと煮するだけ！
おつまみ・おかずが簡単に作れる

材料を入れて火にかけるだけで完成！　小ぶりな鍋であれば、カスエラ、土鍋、スキレット、タジン鍋など、どんな鍋でも作れますし、完成品をそのまま食卓にディスプレイできるので洗い物だって少なくて済みます。

魅力

2

ダイエットの味方！
自然に糖質オフ＆栄養価アップ

魚介類、きのこ類など、アヒージョ向きの食材は高タンパクなものや、低糖質なものが多いので、自然とヘルシーなメニューに！　また、脂溶性ビタミンを多く含む野菜などは、油とともにとることで、栄養吸収率が一気に高まります。

魅力
③

食材の持ち味が生きる

油で煮ることで食材の余分な水分が飛び、うま味や甘味が凝縮！ また、基本的な味付けも塩のみですので、食材そのものの味が引き立ちます。

魅力
④

ハーブを加えれば
別の味に!

メイン食材は同じでも、ローズマリーやクミンシード、カレーパウダーなど、ハーブや香辛料をプラスするだけで、味が劇的に豊かになります。また、油を変えることでも風味に変化が! お気に入りの配合を見つけてください。

まずは鍋を選びましょう

サイズに注意！ メニューに応じて使い分けて

シンプルメニュー用

直径14〜20cmほどで浅めの鍋

肉・魚の単品メニューは浅めの鍋がおすすめ。火が通りやすく、見た目も美しく仕上がります。

具だくさんメニュー用

直径25cmほどで深さのある鍋

葉物野菜などかさのある食材は、浅い鍋では入りきらないので、深めの大きい鍋を選びましょう。野菜は煮ているうちに縮みます。

鍋の特性もチェックしましょう

ふたつき

煮る時間を短縮できます。油のはねも防止できるので安心。

スキレットタイプ

オーブンでの調理が可能です。陶器鍋にもオーブン対応のものがあるので、チェックしてみましょう。

IH対応

最近はIH対応の鍋が増えているので、直火コンロのない家でもアヒージョは楽しめます。火加減は、直火よりもやや弱めに設定して、様子を見ながら調整しましょう。

食材をしっかり選びましょう

糖質オフを目指すなら、食材選びも要注意。アヒージョに合わせやすく
糖質オフもかなう食材を紹介します。

魚介

いわし、かつお、さけ、さば、さんま、し
しゃも、たい、ぶり、まぐろ、あさり、か
き、ほたて、えび、かに、いか、ほたるい
か、たこ…等

肉

牛肩ロース、サーロイン、牛バラ、牛も
も、牛ヒレ、豚肩ロース、豚バラ、豚もも、
豚ヒレ、ハム、ベーコン、ソーセージ、サ
ラミ、鶏むね、鶏もも、ささみ、鶏手羽、
砂肝…等

野菜

きのこ類、トマト、なす、ゴーヤー、ニラ、
長ねぎ、白菜、ピーマン、ブロッコリー、
ほうれん草、三つ葉、アスパラガス、オ
クラ、かぶ、カリフラワー、キャベツ、小
松菜、ししとう、春菊、ズッキーニ、せり、
セロリ、大根、玉ねぎ…等

その他

鶏卵、うずらの卵（水煮）、チーズ類、絹
豆腐、木綿豆腐、厚揚げ、キムチ、くる
み、のり、ザーサイ、こんにゃく、大豆の
水煮…等

缶詰や冷凍食品も活用しよう！

加えるだけでうま味が出る缶詰や、下処理なしで鍋
に入れられる冷凍食品は、アヒージョを作るうえで
とても便利。また、干しえびなどの乾物もうま味を
加える調味料として活躍します。

油を選びましょう

油ならなんでもOKというわけではありません。味の面はもちろん健康面や栄養面から向いている油、向いていない油があります。作る前に把握しておきましょう。

向いている油

・オリーブ　・グレープシード
・ココナッツ

この3種の油は酸化しにくいためアヒージョに向いてます。また、油っぽくならずに素材の味を引き出してくれます。ビタミンEやポリフェノールを多く含んでいるなど、栄養面にも優れているので多めにとっても体の負担になりません。

向いていない油

・エゴマ　・アマニ

オメガ3脂肪酸を含んだ身体によい油として有名ですが、酸化に弱く、熱を加えるとオメガ3が壊れてしまうため、アヒージョのような加熱調理には向いていません。

本書推奨

ピュアオリーブ油
精製オリーブ油とバージンオリーブ油をブレンドしたものがピュアオリーブ油です。クセのないさっぱりとした味わいなので、どんな食材にも合います。

アレンジ用にゴマ油も
加熱酸化に強い油です。風味が強いので、少し加えるだけでも一風変わった味わいに変身します。味のバリエーションをぐっと広げてくれます。

使用した油は捨てずに他の料理に役立てて

アヒージョに使った油を捨ててしまうのはもったいない！
香り油やうま味油としていろいろなメニューに活用してみて。

野菜炒め／野菜スープ

魚介や肉のように香りにクセがないので、基本的には何でも合います。野菜の水分（特にきのこ類や葉物類）が出るため、スープ類に使用するとオイルに溶け出した栄養分も一緒にとれるのでおすすめです。

薬味豆腐アレンジ

香りやうま味が強いので、香味野菜や辛味のあるものなどと一緒に合わせてソースやドレッシングにするとおすすめ。味が淡泊なものに使用すると、満足感のある味わいに！　もちろん普通の炒めものなどに利用できます。

こんにゃくペペロンチーノ

うま味が多いので野菜炒めやパスタ、リゾットなど、味付け代わりに使えます。魚介よりもくせは強くないので、どんな料理にも利用できます。

アヒージョ作りの手順とポイント

まず覚えよう

\ oil /　　\ spices /　　\ salt /

| 油 | スパイス | 塩 |

・にんにく　・唐辛子(輪切り)　

油の量と
スパイスの黄金比

基本のレシピの分量は、オリーブ
油が大さじ5、にんにくが2かけ、
唐辛子(輪切り)がひとつまみ。塩
は食材に合わせて小さじ½から
¼ほど調整しながら入れます。

・大さじ5　・2かけ　・ひとつまみ　・小さじ½〜¼

手順1

材料を切る

にんにくはみじん切りにし、魚介や肉、
野菜などの食材は大きめに切ります。

手順2

にんにくと唐辛子を炒める

オリーブ油を鍋に入れ、にんにく、唐辛
子、塩を加え中弱火で熱していきます。

手順3

その他の具材を
入れて煮る

にんにくの香りが立ち、うすく揚げ色が
ついてきたら、その他の具材を入れて4
〜5分ほど煮込みます。

46ページの
いかとセロリのアヒージョを
例に手順を紹介していきます。

ポイント①

唐辛子は必須！
ハーブは食材に合わせてセレクト

脂肪燃焼効果の高い唐辛子はすべてのアヒージョに必須のスパイスです。その他のハーブ類は、食材に合わせてセレクトし、お好みで一緒に煮たり添えたりします。

ポイント②

火の通りにくい食材は
レンジで加熱

大根など火の通りにくい食材は、鍋に入れる前に電子レンジで先に加熱しておくと、火の通りが早くなり、時短になります。

ポイント③

魚介はなるべく短時間で

魚介類など加熱してかたくなりやすい食材は、鍋に入れるタイミングに要注意。まず野菜を先に煮て、そのあとに鍋に入れるなど、時間差をつけて調理しましょう。

おすすめ鍋リスト

本書で使用した鍋は、陶器や鋳物ホーロー、鉄など素材のバリエーションが豊富。食卓に置くイメージや食材に合わせて使い分けましょう。

※価格はHP等でご確認ください。

Desilva
デシルバ

イタリアの伝統的なオーブンウェアブランド『デシルバ』の陶器の鍋。イタリアの中部に位置するウンブリア地方のテラコッタ（赤土）で作られており、鍋全体にじっくり熱が伝わるので、料理の風味を高めることのできるオーブンウェアです。リーズナブルな価格もうれしいです。

● **キャセロール両手18cm**
直径21cm×直径18cm×深さ6cm

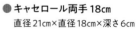

直火	IH	オーブン	電子レンジ	食洗器
○	×	○	○	○

● **キャセロール片手15cm**
直径21.5cm×直径15cm×深さ5cm

直火	IH	オーブン	電子レンジ	食洗器
○	×	○	○	○

LE CREUSET

ル・クルーゼ

https://www.lecreuset.co.jp

直火 ○　IH ○　オーブン ○　電子レンジ ✕　食洗器 ○

フランスの鋳物ホーローのパイオニア、ル・クルーゼの鍋は、ひとつは持っていたい憧れの存在。熱伝導にすぐれており、独自のスチームコントロール機能を備えています。

● シグニチャーココット・ロンド
（チェリーレッド・オレンジ・シフォンピンク・
ソレイユ・マリンブルー・コットン・デューン・
マットブラック・ミストグレー）

18cmタイプ
直径18cm×深さ13.5cm（フタ込）

20cmタイプ
直径20cm×深さ14cm（フタ込）

4th-market

フォース・マーケット

http://www.4th-market.com

日常に溶け込みつつも愛着を感じる、
デザインが印象的なテーブルウェアシ
ョップ。アヒージョにぴったりの鍋やオ
ーブンエェアがたくさん揃っています。

● ノーチェ 5.5inch スフレ
（白・黄・黒）
直径21cm×深さ5.5cm

直火	IH	オーブン	電子レンジ	食洗器
○	×	○	○	△

● ロティ グリルディッシュ
（白・黒・赤）
幅21cm×奥行13cm×深さ5.5cm

直火	IH	オーブン	電子レンジ	食洗器
○	×	○	○	△

● ノーチェ 8inch 耐熱シチュー
（白・黄・黒）
直径20cm×深さ4cm

直火	IH	オーブン	電子レンジ	食洗器
○	×	○	○	△

● ロティ グリルキャセロール
（白・黒・赤）
直径23cm×深さ7.5cm

直火	IH	オーブン	電子レンジ	食洗器
○	×	○	○	△

AWESOME STORE

オーサムストア

https://www.awesomestore.jp

キッチンウェアからインテリア、アクセサリーまでさまざまなライフスタイル雑貨を展開。アヒージョ向きの小鍋も充実しています。

● スキレットオーバル
幅27.5cm×深さ6cm

直火	IH	オーブン	電子レンジ	食洗器
○	✕	○	✕	✕

● ステーキ皿セット
鉄板：幅23.5cm×深さ2.5cm
木製プレート：幅27.5×深さ1.5cm

直火	IH	オーブン	電子レンジ	食洗器
○	✕	○	✕	✕

● スキレット8穴フライパン
幅28cm×深さ4cm

直火	IH	オーブン	電子レンジ	食洗器
○	✕	○	✕	✕

● 鋳鉄ココットS
幅12.7cm×深さ8cm

直火	IH	オーブン	電子レンジ	食洗器
○	✕	○	✕	✕

● 土鍋
直径17.5cm×深さ7cm

直火	IH	オーブン	電子レンジ	食洗器
○	✕	✕	✕	○

Regas
レガス

http://www.zakkaworks.com/regas/

昔からスペインで陶器の街として
知られるカタルーニャ州ブレダで
1821年に創業した老舗。カスエラ
と呼ばれる素焼きの鍋や耐熱皿を
クラシックな手法で製造しています。

直火	IH	オーブン	電子レンジ	食洗器
○	×	○	○	○

●**カスエラ**（ブラック・テラコッタ）

13cmタイプ
直径13.8cm×深さ3.2cm

17cmタイプ
直径17cm×深さ4.3cm

LODGE
ロッジ

https://www.lodge-cooking.com

鋳鉄のずっしりとした重厚感と無駄のな
いデザインが魅力のロッジのスキレット。
一般的な鉄製のフライパンと異なり、厚
みが5mmもあるので、熱をゆっくり、じっ
くりと伝えるのが最大の特徴です。

●**スキレット6　1/2インチ**
直径15.5cm×深さ3cm

直火	IH	オーブン	電子レンジ	食洗器
○	△	○	×	×

VERMICULAR
バーミキュラ

https://www.vermicular.jp

バーミキュラはメイド・イン・ジャパン。「町工場から世界最高の製品を作りたい」という思いから鋳造と精密加工の技術を生かして生み出された鋳物ホーロー鍋です。

直火　IH　オーブン　電子レンジ　食洗器
○　○　○　✕　✕

● オーブンポットラウンド

（ナチュラルベージュ・ストーン・マットブラック・パールピンク・パールグリーン・パールホワイト・パールブラウン・パールグレー）

14cmタイプ
直径14cm×深さ6.5cm

18cmタイプ
直径18cm×深さ8cm

3COINS
スリーコインズ

http://www.3coins.jp

ありとあらゆるライフスタイル雑貨やファッション雑貨を300円均一で提供するショップ。一人用鍋はデザインもよく、作りもしっかりしていてアヒージョにおすすめ。

● 土鍋
直径19cm×深さ5.5cm

直火　IH　オーブン　電子レンジ　食洗器
○　✕　✕　✕　✕

part 1

魚介のアヒージョ

材料

にんにく…2かけ

さんま…2尾

A
├ 唐辛子（輪切り）…ひとつまみ
├ 塩…小さじ⅓強
├ オリーブ油…大さじ5
└ ローズマリー…1枝

さんまのアヒージョ

糖質 2.2g　　タンパク質 19.1g

作り方

① にんにくはみじん切りにする。さんまは頭と尾、内蔵を除いて3等分の筒状に切り、内蔵部分を冷水でしっかりと洗って水気をふきとる。

▼

② 鍋ににんにくとAを入れ、中弱火にかける。

▼

③ 香りが立ちにんにくが色づいてきたら、さんまを入れて油をスプーンでかけながら5〜6分ほど煮る。

糖質 2.5g　　タンパク質 13.1g

ししゃものアヒージョ

作り方

① にんにくはみじん切りにする。

▼

② 鍋ににんにくと**A**を入れ、中弱火にかける。香りが立ちにんにくが色づいてきたら、ししゃもを入れて油をかけながら4〜5分ほど煮る。

▼

③ お好みでレモンの輪切りを添える。

材料

にんにく…2かけ
ししゃも…8尾
A ┃ 唐辛子（輪切り）
　　　…ひとつまみ
　┃ 塩…小さじ⅓
　┃ オリーブ油
　　　…大さじ5
レモン（輪切り）…適宜

糖質 3.0g　タンパク質 28.3g

いわしのアヒージョ

作り方

①
▼
にんにくはみじん切りにする。いわしは頭と内蔵を除いてしっかりと水洗いし、水気をふきとる。

②
▼
鍋ににんにくと**A**を入れ、中弱火にかける。

③
▼
香りが立ちにんにくが色づいてきたら、いわしを入れて油をかけながら5〜6分ほど煮る。

④
お好みで豆板醤をつけながらいただく。

材料

にんにく…2かけ

いわし…4尾

A
唐辛子（輪切り）
…ひとつまみ
塩…小さじ½強
オリーブ油
…大さじ5

豆板醤…適宜

材料

にんにく…2かけ
まぐろのブツ（刺身用）…200g
A 　唐辛子（輪切り）…ひとつまみ
　　塩…小さじ⅓強
　　オリーブ油…大さじ5

まぐろのアヒージョ

糖質2.1g　　タンパク質18.9g

作り方

① にんにくはみじん切りにする。

▼

② 鍋ににんにくと**A**を入れ、中弱火にかける。

▼

③ 香りが立ちにんにくが色づいてきたら、まぐろを加えて時々混ぜながら4〜5分ほど煮込む。

材料

にんにく…2かけ
塩ざけ（甘塩）…2切
　│　唐辛子（輪切り）…ひとつまみ
Ⓐ　塩…少々
　│　オリーブ油…大さじ5
オレガノ…適宜

塩ざけのアヒージョ

糖質2.3g　タンパク質23.0g

作り方

① にんにくはみじん切りにする。塩ざけは3等分に切る。

▼

② 鍋ににんにくとⒶを入れ、中弱火にかける。

▼

③ 香りが立ちにんにくが色づいてきたら、さけを入れて4〜5分ほど煮込む。

▼

④ お好みでオレガノをちらす。

糖質 9.2g　　タンパク質 10.5g

かきのアヒージョ

作り方

① にんにくはみじん切りにする。

▼

② 鍋ににんにくと**A**を入れ、中弱火にかける。

▼

③ 香りが立ちにんにくが色づいてきたら、かきを凍ったまま入れて5〜6分ほど煮込む。

材料

にんにく…2かけ
かき（冷凍）…10粒

A ┃ 唐辛子（輪切り）
　　　　…ひとつまみ
┃ 塩…小さじ½
┃ オリーブ油
　　　　…大さじ5

糖質 2.2g　　タンパク質 11.9g

えびのアヒージョ

作り方

1 にんにくはみじん切りにする。

▼

2 鍋ににんにくと **A** を入れ、中弱火にかける。

▼

3 香りが立ちにんにくが色づいてきたら、えびを冷凍のまま入れて5〜6分ほど煮込む。

▼

4 黒こしょうをふり、お好みでバジルを添えて、ちぎりながらいただく。

材料

にんにく…2かけ
むきえび（冷凍・大）…10尾

A
　唐辛子（輪切り）
　　…ひとつまみ
　塩…小さじ½
　オリーブ油
　　…大さじ5

黒こしょう…適量
バジル…適宜

材料

にんにく…2かけ

つぶ貝…150g

A
| 唐辛子（輪切り）…ひとつまみ
| 塩…小さじ1/3
| オリーブ油…大さじ5

つぶ貝のアヒージョ

糖質4.5g　タンパク質12.9g

作り方

① にんにくはみじん切りにする。つぶ貝は大きければ半分に切る。

▼

② 鍋ににんにくとAを入れ、中弱火にかける。

▼

③ 香りが立ちにんにくが色づいてきたら、つぶ貝を入れて4〜5分ほど煮込む。

材料

にんにく…2かけ
ゆでたこ…150g

A
　│　唐辛子（輪切り）…ひとつまみ
　│　塩…小さじ¼
　│　オリーブ油…大さじ5

イタリアンパセリ…適宜

たこのアヒージョ

糖質 2.2g　　タンパク質 16.9g

作り方

①　にんにくはみじん切りにする。たこは包丁を上下に動かしながら表面に模様をつけるようにして斜めにそぎ切りにする。

②　鍋ににんにくと**A**を入れ、中弱火にかける。

③　香りが立ちにんにくが色づいてきたら、たこを入れて2～3分ほど煮込む。

④　お好みでイタリアンパセリを粗く刻んでちらす。

材料

にんにく…2かけ
塩だら（甘塩）…2切
青ねぎ…50g

A
唐辛子（輪切り）…ひとつまみ
塩…小さじ¼弱
オリーブ油…大さじ5

塩だらと青ねぎのアヒージョ

糖質2.9g　タンパク質16.3g

作り方

1 にんにくはみじん切りにする。塩だらはそれぞれ3等分に切る。青ねぎは4cm幅に切る。

▼

2 鍋ににんにくとAを入れ、中弱火にかける。

▼

3 香りが立ちにんにくが色づいてきたら、塩だらを入れて3〜4分ほど煮込み、ねぎを入れてさっと混ぜてしんなりするまで煮る。

材料

にんにく…2かけ
むきえび（冷凍・大）…8尾
グリーンアスパラガス…2本
A ┃ 唐辛子（輪切り）…ひとつまみ
  ┃ 塩…小さじ½
  ┃ オリーブ油…大さじ5

えびとアスパラガスの
アヒージョ

糖質 2.6g　　タンパク質 10.1g

作り方

① にんにくはみじん切りにする。グリーンアスパラガス
は筋のかたい部分をピーラーで除き、4cm幅の斜め切
りにする。

② 鍋ににんにくとAを入れ、中弱火にかける。

③ 香りが立ちにんにくが色づいてきたら、えびを凍った
まま入れて時々混ぜながら4分ほど煮込み、アスパラ
ガスを足してさらに1分ほど煮る。

材料

にんにく…2かけ
めかじき…2切
キャベツ…40g
A 唐辛子（輪切り）…ひとつまみ
塩…小さじ½
オリーブ油…大さじ5
黒こしょう…適宜

めかじきとキャベツの
アヒージョ

糖質2.9g　タンパク質20.1g

作り方

1 にんにくはみじん切りにする。めかじきは1cm幅に切る。キャベツは3cm幅のざく切りにする。

▼

2 鍋ににんにくとAを入れ、中弱火にかける。

▼

3 香りが立ちにんにくが色づいてきたら、キャベツを入れて3分ほど煮込み、めかじきを加えてさらに2分ほど煮る。

▼

4 お好みで黒こしょうをふる。

材料

にんにく…2かけ
ほたて（冷凍）…8個（200g）
ほうれん草…2株
　　唐辛子（輪切り）…ひとつまみ
Ⓐ　塩…小さじ½
　　オリーブ油…大さじ5
バター…10g

ほたてとほうれん草バターの
アヒージョ

糖質5.0g　　タンパク質19.0g

作り方

① にんにくはみじん切りにする。ほうれん草は4cm幅の
　 ざく切りにする。
▼

② 鍋ににんにくとⒶを入れ、中弱火にかける。
▼

③ 香りが立ちにんにくが色づいてきたら、ほたてを凍っ
　 たまま入れて4〜5分ほど煮込み、ほうれん草を加え
▼ て混ぜながらしんなりとするまで煮る。

④ 熱いうちにバターをのせる。

材料

にんにく…2かけ

いか…1杯

セロリ…½本

A

　　唐辛子 (輪切り) …ひとつまみ

　　塩…小さじ½

　　オリーブ油…大さじ5

いかとセロリのアヒージョ

糖質2.5g　　タンパク質14.3g

作り方

①　にんにくはみじん切りにする。いかはワタを除いて1.5
　　cm幅に切る。セロリは筋を除いて同じくらいの幅に斜
▼　　め切りにする。

②　鍋ににんにくとAを入れ、中弱火にかける。
▼

③　香りが立ちにんにくが色づいてきたら、セロリを入れ
　　て2～3分ほど加熱し、いかを入れて混ぜながら1～
▼　　2分ほど煮る。

④　お好みでセロリの葉を添える。

材料

にんにく…2かけ
ゆでだこ…150g
ブロッコリー…70g

A
　唐辛子（輪切り）…ひとつまみ
　塩…小さじ1/3強
　オリーブ油…大さじ5

たことブロッコリーの
アヒージョ

糖質 2.4g　　タンパク質 18.4g

作り方

① にんにくはみじん切りにする。たこは一口大に切る。ブロッコリーもたこと同じ大きさに切る。

▼

② 鍋ににんにくとAを入れ、中弱火にかける。

▼

③ 香りが立ちにんにくが色づいてきたら、たことブロッコリーを入れて、時々混ぜながら4〜5分ほど煮込む。

※写真のエスカルゴ用鍋（あるいはたこ焼き機）の場合でも、にんにくやAは等分に分けて穴の中に入れればよい。

材料

にんにく…2かけ

シーフードミックス…200g

枝豆(冷凍)…70g

A
├ 唐辛子(輪切り)…ひとつまみ
├ 塩…小さじ⅓
└ オリーブ油…大さじ5

黒こしょう…少々

シーフードと枝豆の
アヒージョ

糖質1.8g　タンパク質13.9g

作り方

1 にんにくはみじん切りにする。枝豆は解凍し、房から豆を出す。

▼

2 鍋ににんにくとAを入れ、中弱火にかける。

▼

3 香りが立ちにんにくが色づいてきたら、シーフードミックスと枝豆を入れて5〜6分ほど煮込み、黒こしょうをふる。

材料

にんにく…2かけ

ぶり…2切れ

ねぎ…½本

ごぼう…30g

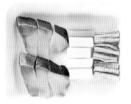

Ⓐ ┃ 唐辛子（輪切り）…ひとつまみ
┃ 塩…小さじ½
┃ オリーブ油…大さじ5

ぶりと香ばし野菜の
アヒージョ

糖質5.3g　　タンパク質22.7g

作り方

① にんにくはみじん切りにする。ぶりは縦に3等分に切る。ねぎは3cm幅のざく切りにする。ごぼうは皮をこすり洗い、叩いてヒビを入れて3cm幅に切り、ヒビに沿って割く。

▼

② 鍋ににんにくとAを入れ、中弱火にかける。

▼

③ 香りが立ちにんにくが色づいてきたら、ねぎ、ぶり、ごぼうを入れて7〜8分ほど煮込む。

糖質 6.4g　　タンパク質 17.9g

ツナと2色パプリカの
アヒージョ

作り方

① にんにくはみじん切りにする。ツナ缶は水気を切っておく。パプリカは1.5cm角に切る。

▼

② 鍋ににんにくと**A**を入れ、中弱火にかける。

▼

③ 香りが立ちにんにくが色づいてきたら、ツナ缶とパプリカを入れて2〜3分ほど煮る。

材料

にんにく…2かけ
ツナ缶（ファンシー）
　…1缶（175g）
パプリカ（赤・黄）
　…各⅓個
A ┤
　唐辛子（輪切り）
　　…ひとつまみ
　塩…小さじ⅓
　オリーブ油
　　…大さじ5

糖質 5.4g　タンパク質 24.2g

さば缶と焼きトマトの
チーズアヒージョ

作り方

①
▼
にんにくはみじん切りにする。さ
ば缶は水気をきる。トマトは横半
分に切る。

②
▼
鍋ににんにくと**A**を入れ、中弱火
にかける。

③
▼
香りが立ちにんにくが色づいてき
たら、トマトを入れて焼き色がつ
くまで焼く。

④
さば缶を入れてチーズをのせ、油
をかけながらチーズが溶けるまで
煮る。お好みでタイムをちらす。

材料

にんにく…2かけ
さばの水煮缶…1缶（180g）
トマト…1個
ピザ用チーズ…30g
A ┃ 唐辛子（輪切り）
　　　　…ひとつまみ
　┃ 塩…小さじ⅓
　┃ オリーブ油
　　　　…大さじ5
タイム…適宜

材料

にんにく…2かけ
サーモン（さく）…200g
マッシュルーム…6個
ブラックオリーブ（種なし）…6粒

A
唐辛子（輪切り）…ひとつまみ
塩…小さじ½
オリーブ油…大さじ5
ローリエ…1枚

サーモンとマッシュルームの アヒージョ

糖質 2.5g　**タンパク質 21.0g**

作り方

① にんにくはみじん切りにする。サーモンは1.5cm幅に切る。ブラックオリーブは半分に切る。

▼

② 鍋ににんにくと**A**を入れ、中弱火にかける。

▼

③ 香りが立ちにんにくが色づいてきたら、サーモン、マッシュルーム、ブラックオリーブを入れて5〜6分ほど煮込む。

材料

にんにく…2かけ
かつお（刺身用さく）…200g
しょうが…2かけ
かいわれ大根…½パック

A 唐辛子（輪切り）…ひとつまみ
塩…小さじ½弱
オリーブ油…大さじ5

かつおと薬味のアヒージョ

糖質2.8g　タンパク質26.8g

作り方

①
▼
にんにくはみじん切りにする。かつおは1.5cm幅に切る。しょうがは太めのせん切りにする。かいわれ大根は根を除く。

②
▼
鍋ににんにくとA、しょうがを入れ、中弱火にかける。

③
▼
香りが立ちにんにくが色づいてきたら、かつおを入れて面を変えながら加熱する。

④
お好みの状態まで火を通したら火を止めてかいわれ大根を添える。

糖質 2.7g　　タンパク質 8.7g

あさりと小松菜のアヒージョ

作り方

①
▼
にんにくはみじん切りにする。あさりはこすり洗いをする。小松菜は2cm幅に切る。

②
▼
鍋ににんにくと**A**を入れ、中弱火にかける。

③
▼
香りが立ちにんにくが色づいてきたら、あさりと小松菜を入れて時々混ぜながら煮込む。

④
あさりが開いて小松菜がしんなりとしたら火を止め、粉チーズをかける。

材料

にんにく…2かけ
あさり（砂抜きをしたもの）
　…200g
小松菜…2株
粉チーズ…大さじ2

A
唐辛子（輪切り）
　…ひとつまみ
塩…小さじ⅓
オリーブ油
　…大さじ5

糖質 2.3g　タンパク質 15.2g

しらす明太のアヒージョ

作り方

1
にんにくはみじん切りにする。辛子明太子は5等分に切る。大葉は2cm角に切る。

▼

2
鍋ににんにくと**A**を入れ、中弱火にかける。

▼

3
香りが立ちにんにくが色づいてきたら、しらすと大葉を入れて1分ほど煮込み、辛子明太子を入れてお好みの状態まで加熱する。

▼

4
お好みでレモンを添える。

材料

にんにく…2かけ
しらす…100g
辛子明太子…½腹
大葉…10枚
A 　唐辛子（輪切り）
　　…ひとつまみ
　オリーブ油
　　…大さじ5
レモン…適宜

part 2

肉のアヒージョ

材料

にんにく…2かけ

牛ステーキ肉…2枚（200g）

A
唐辛子（輪切り）…ひとつまみ
塩…小さじ 1/2
オリーブ油…大さじ5
ローズマリー…1枝

牛ステーキ肉のアヒージョ

糖質5.3g　タンパク質17.1g

作り方

1 にんにくはみじん切りにする。牛ステーキ肉は3cm幅に切る。

▼

2 鍋ににんにくと**A**を入れ、中弱火にかける。

▼

3 香りが立ちにんにくが色づいてきたら、ステーキ肉を入れ、両面を返しながら3〜4分ほど煮込む。

材料

にんにく…2かけ

豚バラ肉（かたまり）…150g

A │ 唐辛子（輪切り）…ひとつまみ
│ 塩…小さじ1/3強
│ オリーブ油…大さじ5

山椒…適宜

豚バラ肉のアヒージョ

糖質2.2g　　タンパク質11.4g

作り方

① にんにくはみじん切りにする。豚バラ肉は1.5cm幅に切る。

▼

② 鍋ににんにくと**A**を入れ、中弱火にかける。

▼

③ 香りが立ちにんにくが色づいてきたら、豚バラ肉を入れて4〜5分返しながら煮込む。

▼

④ お好みで山椒をふる。

糖質 2.3g　　タンパク質 32.6g

鶏むね肉のアヒージョ

作り方

① にんにくはみじん切りにする。鶏むね肉は繊維に沿って1cm幅にスライスする。

▼

② 鍋ににんにくと**A**を入れ、中弱火にかける。

▼

③ 香りが立ちにんにくが色づいてきたら、鶏むね肉とお好みでタイムを入れて全体を返しながら3〜4分ほど煮込む。

材料

にんにく…2かけ
鶏むね肉…大1枚（300g）
A
　唐辛子（輪切り）
　　…ひとつまみ
　塩…小さじ½強
　オリーブ油
　　…大さじ5
　タイム…適宜

糖質 2.2g　　タンパク質 23.6g

ささみのアヒージョ

作り方

① にんにくはみじん切りにする。鶏ささみ肉は波状に竹串を刺す。

▼

② 鍋ににんにくと**A**を入れ、中弱火にかける。

▼

③ 香りが立ちにんにくが色づいてきたら、鶏ささみ肉を入れ、油をかけて返しながら7〜8分ほど煮込む。

▼

④ お好みでゆずこしょうを添えて、つけながらいただく。

材料

にんにく…2かけ
鶏ささみ肉
　…4本（約250g）
　唐辛子（輪切り）
　　…ひとつまみ
A 塩…小さじ½
　オリーブ油
　　…大さじ5
ゆずこしょう…適宜

糖質2.2g　タンパク質14.4g

砂肝のアヒージョ

作り方

① にんにくはみじん切りにする。

▼

② 鍋ににんにくと**A**を入れ、中弱火にかける。

▼

③ 香りが立ちにんにくが色づいてきたら、砂肝を入れて5〜6分ほど煮込む。

▼

④ 火からおろし、パセリをちぎりながら入れる。

材料

にんにく…2かけ
砂肝（下処理済）…150g
A
　唐辛子（輪切り）
　　…ひとつまみ
　塩…小さじ⅓
　オリーブ油
　　…大さじ5
パセリ…適宜

糖質 2.2g　　タンパク質 15.1g

鶏手羽のアヒージョ

作り方

① にんにくはみじん切りにする。鶏手羽中は骨に沿って半分に切る。

▼

② 鍋ににんにくと**A**を入れ、中弱火にかける。

▼

③ 香りが立ちにんにくが色づいてきたら、鶏手羽を皮目から入れて加熱し、4分ほど煮込む。

▼

④ 色がついてきたらひっくり返してさらに2〜3分ほど煮込み、黒こしょうをふる。

材料

にんにく…2かけ
鶏手羽中
　…5本分（250g）
　┃唐辛子（輪切り）
　┃　…ひとつまみ
A┃塩…小さじ½
　┃オリーブ油
　┃　…大さじ5
黒こしょう…適量

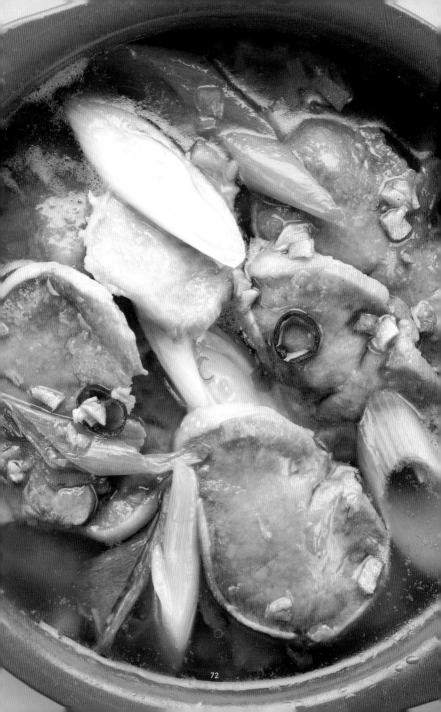

材料

にんにく…2かけ
牛タン…150g
長ねぎ…½本

A
唐辛子（輪切り）…ひとつまみ
塩…小さじ½強
オリーブ油…大さじ5

牛タンとねぎのアヒージョ

糖質3.8g　　タンパク質11.0g

作り方

① にんにくはみじん切りにする。長ねぎは斜め薄切りにする。

▼

② 鍋ににんにくと**A**を入れ、中弱火にかける。

▼

③ 香りが立ちにんにくが色づいてきたら、長ねぎを入れて2分ほど煮込み、牛タンを加えて2〜3分ほどさらに煮込む。

材料

にんにく…2かけ

牛こま切れ肉…200g

ごぼう…30g

A

唐辛子（輪切り）…ひとつまみ

塩…小さじ½弱

オリーブ油…大さじ5

牛ごぼうのアヒージョ

糖質4.0g　タンパク質17.7g

作り方

1
▼
にんにくはみじん切りにする。ごぼうはこすり洗いをして泥を落として3cm幅の斜め薄切りにし、水でさっと洗い、水気を切る。

2
▼
鍋ににんにくとAを入れ、中弱火にかける。

3
香りが立ちにんにくが色づいてきたら、ごぼうを入れて2分ほど煮込み、牛こま肉を入れてざっくりと混ぜ合わせ、好みのかたさになるまで火を通す。

材料

にんにく…2かけ
鶏もも肉…1枚（300g）
じゃがいも（小）…1個

A ┃ 唐辛子（輪切り）…ひとつまみ
　┃ 塩…小さじ2/3強
　┃ オリーブ油…大さじ5
　┃ ローリエ…2枚

鶏じゃがアヒージョ

糖質11.6g　タンパク質26.3g

作り方

1 ▼
にんにくはみじん切りにする。鶏もも肉は大きめの一口大に切る。じゃがいもは皮付きのまま1.5cm幅のいちょう切りにして水で揉み洗いし、水気を切っておく。

2 ▼
鍋ににんにくと**A**を入れ、中弱火にかける。

3 ▼
香りが立ちにんにくが色づいてきたら、鶏もも肉を入れてふたをし、5〜6分ほど煮込む。

4
じゃがいもを入れて再び3〜4分ほど煮込み火を通す。

材料

にんにく…2かけ

豚しゃぶしゃぶ肉…150g

パクチー…30g

Ⓐ 唐辛子（輪切り）…ひとつまみ
塩…小さじ⅓
オリーブ油…大さじ5

豚とパクチーのアヒージョ

糖質3.0g　　タンパク質11.7g

作り方

① にんにくはみじん切りにする。パクチーは3cm幅に切る。

▼

② 鍋ににんにくとⒶを入れ、中弱火にかける。

▼

③ 香りが立ちにんにくが色づいてきたら、豚しゃぶしゃぶ肉を入れて時々返しながら3〜4分ほど煮込む。

▼

④ パクチーの半量を入れてざっくりと混ぜ合わせ、火を止めて残りのパクチーを天盛りにする。

材料

にんにく…2かけ
豚ひき肉…150g
大豆（水煮）…40g

A
唐辛子（輪切り）…ひとつまみ
塩…小さじ⅓強
オリーブ油…大さじ5
カレー粉…大さじ1

イタリアンパセリ…適宜

ひき肉と豆のアヒージョ

糖質2.2g　タンパク質16.5g

作り方

1 にんにくはみじん切りにする。

▼

2 鍋ににんにくと**A**を入れ、中弱火にかける。

▼

3 香りが立ちにんにくが色づいてきたら、豚ひき肉と大豆を入れて時々混ぜながら4～5分ほど煮込む。

▼

4 全体の色が変わったら完成。お好みでイタリアンパセリを添える。

材料

にんにく…2かけ
牛ステーキ肉…2枚（200g）
たけのこ（水煮）…50g
A
  唐辛子（輪切り）…ひとつまみ
  塩…小さじ½
  オリーブ油…大さじ5

牛とたけのこのアヒージョ

糖質7.4g　　タンパク質18.4g

作り方

① にんにくはみじん切りにする。牛ステーキ肉はそぎ切りにする。たけのこは薄切りにする。

▼

② 鍋ににんにくとAを入れ、中弱火にかける。

▼

③ 香りが立ちにんにくが色づいてきたら、牛肉とたけのこを交互にはさんで入れ、ふたをして2分ほど煮込む。

▼

④ 油をかけながら火を通し、牛ステーキ肉を好みのかたさに仕上げる。

糖質 3.1g　タンパク質 23.0g

サラダチキンと水菜のアヒージョ

作り方

1 にんにくはみじん切りにする。サラダチキンは2㎝角に切る。水菜は4㎝幅にざく切りにする。

▼

2 鍋ににんにくと**A**を入れ、中弱火にかける。

▼

3 香りが立ちにんにくが色づいてきたら、サラダチキンを入れて返しながら2〜3分ほど煮込み、水菜を添える。

材料

にんにく…2かけ
サラダチキン…2枚
水菜…30g

A │ 唐辛子（輪切り）
　　│ 　…ひとつまみ
　　│ 塩…小さじ¼弱
　　│ オリーブ油
　　│ 　…大さじ5

糖質 2.6g　タンパク質 21.1g

牛カルビ肉のアヒージョ

作り方

① にんにくはみじん切りにする。にんにくの芽は3cm幅に切る。

▼

② 鍋ににんにくと**A**を入れ、中弱火にかける。

▼

③ 香りが立ちにんにくが色づいてきたら、にんにくの芽を入れて2分ほど煮込み、牛カルビ肉を入れてざっくりと混ぜて1分ほど煮る。

材料

にんにく…2かけ
牛カルビ肉（スライス）
　…200g
にんにくの芽…4本
A｜唐辛子（輪切り）
　　…ひとつまみ
　｜塩…小さじ½
　｜オリーブ油…大さじ5

材料

にんにく…2かけ

鶏レバー…150g

セロリ…30g

コーン（冷凍）…30g

A ┃ 唐辛子（輪切り）…ひとつまみ
　 ┃ 塩…小さじ½
　 ┃ オリーブ油…大さじ5

レバーとセロリのアヒージョ

糖質7.3g　　タンパク質15.9g

作り方

1
▼
にんにくはみじん切りにする。鶏レバーは横半分に切ってたっぷりの水で洗い、水気をしっかりとふきとる。セロリは筋を除いて1cm幅の斜め切りにし、葉の部分は摘んでおく。

2
▼
鍋ににんにくと**A**を入れ、中弱火にかける。

3
▼
香りが立ちにんにくが色づいてきたら、セロリの葉とレバーを入れて、時々返しながら2〜3分ほど煮込む。

4
セロリとコーンを加えてさらに3〜4分ほど煮込み、火を通す。

材料

にんにく…2かけ

豚しゃぶしゃぶ肉…150g

ミニトマト…3個

キャンディーチーズ
　（プロセスチーズでも可）…4個

Ⓐ｜唐辛子（輪切り）…ひとつまみ
　｜塩…小さじ⅓強
　｜オリーブ油…大さじ5

タイム…適宜

豚とトマトのアヒージョ

糖質1.3g　　タンパク質19.2g

作り方

① にんにくはみじん切りにする。ミニトマトは半分に切る。

▼

② 鍋ににんにくとⒶを入れ、中弱火にかける。

▼

③ 香りが立ちにんにくが色づいてきたら、豚しゃぶしゃぶ肉を入れて時々混ぜながら4〜5分ほど煮込む。

▼

④ ミニトマトとチーズを加えてざっくりと混ぜ合わせ、火からおろし、お好みでタイムを添える。

糖質 4.0g　タンパク質 14.4g

ソーセージと緑黄色野菜
のアヒージョ

作り方

① にんにくはみじん切りにする。ブロッコリーは小房に分け、にんじんは1.5cm厚さの短冊切りにする。

▼

② 鍋ににんにくとAを入れ、中弱火にかける。

▼

③ 香りが立ちにんにくが色づいてきたら、にんじん、ウィンナー、ブロッコリーを入れて3〜4分ほど返しながら煮込む。

材料

にんにく…2かけ
ハーブソーセージ…8本
ブロッコリー…60g
にんじん…⅕本
Ⓐ 唐辛子（輪切り）
　　…ひとつまみ
　塩…小さじ¼
　オリーブ油
　　…大さじ5

糖質 8.9g　タンパク質 14.4g

スパムと野菜のアヒージョ

作り方

1 にんにくはみじん切りにする。スパムはブロック状に切る。パプリカは三角に切る。

▼

2 鍋ににんにくと **A** を入れ、中弱火にかける。

▼

3 香りが立ちにんにくが色づいてきたら、スパム、パプリカ、ミニトマトを入れて時々返しながら5〜6分ほど煮込む。

材料

にんにく…2かけ
スパム（減塩タイプ）
　…200g
ミニトマト…4個
パプリカ（黄）…¼個
　唐辛子（輪切り）
　　…ひとつまみ
A オリーブ油
　　…大さじ5

材料

にんにく…5かけ
豚バラ肉（かたまり）…150g
パセリ…10g
Ⓐ │ 唐辛子（輪切り）…ひとつまみ
　│ 塩…小さじ½弱
　│ オリーブ油…大さじ5
レモン…適宜

豚バラ肉とごろっとにんにくの アヒージョ

糖質7.3g　タンパク質12.6g

作り方

① にんにくは2かけ分をみじん切りにし、3かけ分をつぶす。豚バラは1.5cm幅に切る。パセリはちぎっておく。

▼

② 鍋ににんにく2種と**A**を入れ、中弱火にかける。

▼

③ 香りが立ちにんにくが色づいてきたら、豚バラ肉を入れて3〜4分ほど返しながら煮込む。

▼

④ パセリを入れて火からおろし、お好みでレモンを添える。

材料

にんにく…2かけ
鶏もも肉…大1枚（300g）
キャベツ…40g
キムチ…80g

A {
唐辛子（輪切り）…ひとつまみ
塩…小さじ½弱
オリーブ油…大さじ5
}

鶏キムチのアヒージョ

糖質5.1g　タンパク質26.9g

作り方

① にんにくはみじん切りにする。鶏もも肉は大きめの一口大に切る。キャベツは4cm幅のざく切りにする。

▼

② 鍋ににんにくと**A**を入れ、中弱火にかける。

▼

③ 香りが立ちにんにくが色づいてきたら、鶏もも肉、キャベツ、キムチの順に入れてふたをし、4〜5分ほど煮込む。

▼

④ 鶏もも肉をひっくり返して再び3〜4分ほど煮込み、全体をざっくりと混ぜて馴染んだら完成。

材料

にんにく…2かけ
厚切りベーコン…100g
スナップエンドウ…10本
マッシュルーム…6個

A 唐辛子（輪切り）…ひとつまみ
塩…少々
オリーブ油…大さじ5

厚切りベーコンのアヒージョ

糖質 3.9g　　タンパク質 8.6g

作り方

① にんにくはみじん切りにする。ベーコンは8等分する。スナップエンドウは筋をのぞく。

▼

② 鍋ににんにくとAを入れ、中火弱で加熱する。

▼

③ 香りが立ちにんにくが色づいてきたら、ベーコン、マッシュルーム、スナップエンドウを入れて返しながら5〜6分ほど煮込む。

材料

にんにく…2かけ
豚レバー（スライス）…150g
しょうが…2かけ
ニラ…40g

A
唐辛子（輪切り）…ひとつまみ
塩…小さじ½弱
オリーブ油…大さじ5

豚レバーのアヒージョ

糖質 4.7g　　タンパク質16.4g

作り方

1 にんにくはみじん切りにする。ニラは4cm幅にざく切り、しょうがは太めのせん切りにする。

▼

2 鍋ににんにくとしょうが、**A**を入れ、中弱火にかける。込む。

▼

3 香りが立ちにんにくが色づいてきたら、豚レバーを入れて2〜3分ほど煮込み、ニラを加えてさらに1〜2分煮込む。

part 3

野菜ときのこのアヒージョ

材料

にんにく…2かけ

長ねぎ…2本

A
唐辛子（輪切り）…ひとつまみ
塩…小さじ½弱
オリーブ油…大さじ5

長ねぎのアヒージョ

糖質 8.0g　　タンパク質 2.0g

作り方

① にんにくはみじん切りにする。長ねぎは白い部分を4～5cm幅のざく切りにし、青くかたい部分を3cm幅に切る。

▼

② 鍋ににんにくとAを入れ、中弱火にかける。

▼

③ 香りが立ちにんにくが色づいてきたら、長ねぎの青い部分を入れて3分ほど煮込み、しんなりとしたら白い部分を入れてさらに4～5分ほど煮込む。

糖質 7.7g　　タンパク質 1.7g

まるごとトマトのアヒージョ

材料

にんにく…2かけ
トマト…2個

A｜
唐辛子（輪切り）
　…ひとつまみ
塩…小さじ⅔
オリーブ油
　…大さじ5

作り方

① にんにくはみじん切りにする。トマトはヘタを除いて、ヘタ側に2cmほど、十字に切り込みを入れる。

▼

② 鍋ににんにくとAを入れ、中弱火にかける。

▼

③ 香りが立ちにんにくが色づいてきたら、トマトの切り込みを下にして入れ、油をかけながら5〜6分ほど煮込む。

糖質 4.3g　　タンパク質 1.3g

ピーマンのアヒージョ

作り方

①　にんにくはみじん切りにする。

▼

②　鍋ににんにくと**A**を入れ、中弱火にかける。

▼

③　香りが立ちにんにくが色づいてきたら、ピーマンを入れて、ひっくり返しながら5〜6分ほど煮込む。

材料

にんにく…2かけ
ピーマン…5個
Ⓐ｜唐辛子（輪切り）
　　…ひとつまみ
　｜塩…小さじ⅓
　｜オリーブ油
　　…大さじ5

材料

にんにく…2かけ
かぶ…3個

A
| 唐辛子（輪切り）…ひとつまみ
| 塩…小さじ½
| オリーブ油…大さじ5

かぶのアヒージョ

糖質5.9g　　タンパク質1.5g

作り方

① ▼ にんにくはみじん切りにする。かぶは、茎を残して葉と切り分け、5〜6等分のくし形に切る。泥がついている場合は水に浮かせて洗い、水気をしっかりと除く。葉の部分は4cm幅のざく切りにする。

② ▼ かぶを耐熱皿に並べてラップをかけ、電子レンジで4〜5分、竹串が通るまで加熱する。

③ ▼ 鍋ににんにくとAを入れ、中弱火にかける。香りが立ちにんにくが色づいてきたら、かぶを入れて3〜4分煮込む。

④ 空いているところにかぶの葉の部分を入れてさらに1分ほど加熱する。

糖質 4.1g　　タンパク質 2.7g

エリンギのアヒージョ

作り方

1 にんにくはみじん切りにする。エリンギは大きめの一口大に切る。

▼

2 鍋ににんにくと**A**を入れ、中弱火にかける。

▼

3 香りが立ちにんにくが色づいてきたら、エリンギを加えて上下を返しながら6〜7分ほど煮込む。お好みでパセリをふる。

材料

にんにく…2かけ

エリンギ…150g

A ┌ 唐辛子（輪切り）
　　　…ひとつまみ
　├ 塩…小さじ⅓
　└ オリーブ油…大さじ5

パセリ（乾燥）…適宜

糖質 2.2g　　タンパク質 2.5g

マッシュルームのアヒージョ

作り方

① にんにくはみじん切りにする。マッシュルームは土がついていたらキッチンペーパーではらって除く。

▼

② 鍋ににんにくと**A**を入れ、中弱火にかける。

▼

③ 香りが立ちにんにくが色づいてきたら、マッシュルームを入れて上下を返しながら5〜6分ほど煮込む。お好みでタイムを添える。

材料

にんにく…2かけ
マッシュルーム…16個

A ┃ 唐辛子（輪切り）
　　　 …ひとつまみ
　　 塩…小さじ⅓
　　 オリーブ油
　　　 …大さじ5
タイム…適宜

材料

にんにく…2かけ
大根…½本
大根の葉…少々

A
　唐辛子（輪切り）…ひとつまみ
　塩…小さじ1
　オリーブ油…大さじ5

焼き大根のアヒージョ

糖質 5.4g　　タンパク質 6.1g

作り方

① にんにくはみじん切りにする。大根は皮つきの状態で6等分の輪切りにし、片側に十字の切り込みを入れる。

▼

② 大根を耐熱容器に並べてラップをかけ、電子レンジで4分加熱し、ひっくり返して再び4分加熱する。

▼

③ 鍋ににんにくとAを入れ、中弱火にかける。

▼

④ 香りが立ちにんにくが色づいてきたら、大根を入れて5〜6分煮込む。焼き色がついたらひっくり返し、裏面も温める。お好みで粗みじんにして塩少々でもんだ大根の葉をちらす。

材料

にんにく…2かけ

せり…1束（200g）

A
唐辛子（輪切り）…ひとつまみ
塩…小さじ½
オリーブ油…大さじ5

せりのアヒージョ

糖質 3.0g　　タンパク質 2.6g

作り方

① にんにくはみじん切りにする。せりは5㎝幅に切る。

▼

② 鍋ににんにくと**A**を入れ、中弱火にかける。

▼

③ 香りが立ちにんにくが色づいてきたら、せりを入れて
ふたをして3〜4分ほど煮込み、しんなりとしたらざ
っくりと混ぜる。

糖質 5.6g　　タンパク質 3.8g

レタスとベーコンのアヒージョ

作り方

① にんにくはみじん切りにする。レタスは芯をつけたままの状態で、4〜5等分する。ベーコンは3cm幅に切る。

▼

② 鍋ににんにくと**A**を入れ、中弱火にかける。

▼

③ 香りが立ちにんにくが色づいてきたら、レタスとベーコンを入れてふたをし、4〜5分ほど煮込む。全体がしんなりとしたらざっくりと混ぜて1分ほど煮る。

材料

にんにく…2かけ
レタス…1玉
ベーコン（ハーフ）…5枚

A
唐辛子（輪切り）
　…ひとつまみ
塩…小さじ 1/3 強
オリーブ油
　…大さじ5

糖質 4.8g　　タンパク質 7.4g

ピーマンとサラミのアヒージョ

作り方

①
▼
にんにくはみじん切りにする。ピーマンはかたいヘタの部分を除いて、横3等分に切る。

②
▼
鍋ににんにくと**A**を入れ、中弱火にかける。

③
香りが立ちにんにくが色づいてきたら、ピーマンとサラミを加えて5～6分上下を返しながら煮込む。

材料

にんにく…2かけ
ピーマン…5個
サラミ…16枚
A｜唐辛子（輪切り）
　　　…ひとつまみ
　塩…小さじ⅓
　オリーブ油
　　　…大さじ5

材料

にんにく…2かけ
グリーンアスパラガス…1束
ホワイトアスパラガス（水煮）…1缶

A
唐辛子（輪切り）…ひとつまみ
塩…小さじ⅓強
オリーブ油…大さじ5

アスパラガスのアヒージョ

糖質 4.9g　　タンパク質 3.7g

作り方

1 にんにくはみじん切りにする。グリーンアスパラガスは、かたい軸をピーラーで除き、4cm幅のざく切りにする。ホワイトアスパラガスも同じ幅に切る。

2 鍋ににんにくと**A**を入れ、中弱火にかける。

3 香りが立ちにんにくが色づいてきたら、グリーンアスパラガスを加えて3〜4分煮込み、ホワイトアスパラガスを加えてさらに2〜3分ほど煮込む。

材料

にんにく…2かけ

オクラ…6本

ベビーキャロット…4本

A｜ 唐辛子（輪切り）…ひとつまみ
　｜ 塩…小さじ⅓
　｜ オリーブ油…大さじ5

オクラとにんじんの
アヒージョ

糖質4.2g　　タンパク質1.6g

作り方

① にんにくはみじん切り、オクラはガクの部分を除く。にんじんはラップに包んで電子レンジで50秒〜1分加熱する。

▼

② 鍋ににんにくとAを入れて中火弱にかける。

▼

③ 香りが立ちにんにくが色づいてきたら、オクラとにんじんを入れて3〜4分ほど煮る。

糖質 3.5g　　タンパク質 9.2g

ゴーヤーとツナカレーのアヒージョ

作り方

① にんにくはみじん切りにする。ゴーヤーは1.5cm幅の輪切りにしてワタと種を除く。ツナ缶は水気をきっておく。

▼

② 鍋ににんにくと**A**を入れて中火弱にかける。

▼

③ 香りが立ちにんにくが色づいてきたら、ゴーヤーとカレー粉を入れて時々返しながら4〜5分ほど煮て、ツナ缶を加えてざっくり混ぜる。

材料

にんにく…2かけ
ゴーヤー…1本
ツナ缶（オイル漬け）
　…1缶（80g）
　┃ 唐辛子（輪切り）
　┃　…ひとつまみ
A 塩…小さじ⅓
　┃ オリーブ油
　┃　…大さじ5
カレー粉…大さじ1

糖質3.1g　タンパク質6.0g

まいたけとベーコンのアヒージョ

作り方

① にんにくはみじん切りにする。まいたけは大きめに手でほぐす。

▼

② 鍋ににんにくと **A** を入れ、中弱火にかける。

▼

③ 香りが立ちにんにくが色づいてきたら、まいたけとベーコンを入れて返しながら約5〜6分ほど煮込む。

材料

にんにく…2かけ

まいたけ…200g

ベーコン（ハーフ）…5枚

A ┃ 唐辛子（輪切り）
　　　…ひとつまみ
　┃ 塩…小さじ1/3強
　┃ オリーブ油
　　　…大さじ5

糖質 5.1g　　タンパク質 5.3g

ヤングコーンと枝豆のアヒージョ

作り方

① にんにくはみじん切りにする。ヤングコーンは水気をきっておく。枝豆は解凍し、房から豆を出す。

▼

② 鍋ににんにくと**A**を入れ、中弱火にかける。

▼

③ 香りが立ちにんにくが色づいてきたら、ヤングコーンと枝豆を入れて5〜6分ほど煮込む。

材料

にんにく…2かけ
ヤングコーン（水煮）
　…12本
枝豆（冷凍）…100g
　唐辛子（輪切り）
　　…ひとつまみ
A 塩…小さじ ½ 弱
　オリーブ油
　　…大さじ5

糖質 3.0g　タンパク質 6.9g

ブロッコリーと桜エビのアヒージョ

作り方

①
▼
にんにくはみじん切りにする。ブロッコリーは一口大の小房に分け、茎はかたい部分を除いて1cm幅の輪切りに切る。

②
▼
鍋ににんにくと**A**を入れ、中弱火にかける。

③
香りが立ちにんにくが色づいてきたら、ブロッコリーを入れて4〜5分煮込み、桜えびを加えてさらに1〜2分ほど煮込む。

材料

にんにく…2かけ
ブロッコリー…200g
桜えび…大さじ3
　┃唐辛子（輪切り）
　┃　…ひとつまみ
Ⓐ┃塩……小さじ⅓強
　┃オリーブ油
　┃　…大さじ5

材料

にんにく…2かけ

エリンギ…100g

しいたけ…4個

玉ねぎ…1/2個

A
唐辛子（輪切り）…ひとつまみ
塩…小さじ1/2強
オリーブ油…大さじ5

きのこと玉ねぎの
アヒージョ

糖質 7.5g　　タンパク質 3.4g

作り方

① にんにくはみじん切りにする。玉ねぎは3cm幅に切る。エリンギは大きめの一口大に切る。しいたけは石づきを除いて縦半分に切る。

▼

② 鍋ににんにくとAを入れ、中弱火にかける。

▼

③ 香りが立ちにんにくが色づいてきたら、玉ねぎ、きのこ類の順に入れてふたをし、4〜5分ほど煮込む。しんなりとしたら全体を混ぜてさらに3分ほど煮込む。

材料

にんにく…2かけ
ズッキーニ…1本
パプリカ（黄）…⅓個
アンチョビ…2切れ

A
唐辛子（輪切り）…ひとつまみ
塩…小さじ¼
オリーブ油…大さじ5

ズッキーニとパプリカの
アヒージョ

糖質4.8g　　タンパク質3.2g

作り方

① にんにく、アンチョビは、それぞれみじん切り、ズッキーニは1.5cm幅に切り、パプリカは乱切りにする。

▼

② 鍋ににんにくと**A**を入れて中火弱にかける。

▼

③ 香りが立ちにんにくが色づいてきたら、ズッキーニ、パプリカ、アンチョビを入れて4～5分ほど返しながら煮る。

材料

にんにく…2かけ
白菜…200g
青ねぎ…30g
かき（冷凍）…8個

A
　唐辛子（輪切り）…ひとつまみ
　塩…小さじ⅔
　オリーブ油…大さじ5

白菜とかきのアヒージョ

糖質 10.1g　　タンパク質 9.7g

作り方

① にんにくはみじん切りにする。白菜は3cm幅のざく切り、青ねぎは5cm幅のざく切りにする。

▼

② 鍋ににんにくとAを入れ、中火弱で加熱する。

▼

③ 香りが立ちにんにくが色づいてきたら、白菜、青ねぎ、かきの順に入れてふたをし、4〜5分煮込む。

▼

④ 全体がしんなりとしたら混ぜて、さらに4分ほど煮込む。

材料

にんにく…2かけ
豆苗…1袋
大豆（水煮）…40g
にんじん…⅓本
Ⓐ 唐辛子（輪切り）…ひとつまみ
　　塩…小さじ½弱
　　オリーブ油…大さじ5

豆苗と豆のアヒージョ

糖質4.4g　タンパク質5.3g

作り方

① にんにくはみじん切りにする。豆苗はワタを外して半分に切る。にんじんは1cm角に切る。

▼

② 鍋ににんにくとⒶを入れ、中火弱で加熱する。

▼

③ 香りが立ちにんにくが色づいてきたら、にんじんと大豆を入れてふたをして4分ほど煮込み、にんじんがやわらかくなったら豆苗を加えて再びふたをして3分ほど煮込む。

材料

にんにく…2かけ

ブロッコリー…60g

カリフラワー…½株（150g）

パプリカ…⅓個

A
　唐辛子（輪切り）…ひとつまみ

　塩…小さじ½弱

　オリーブ油…大さじ5

ブロッコリーとカリフラワーの
アヒージョ

糖質5.5g　　タンパク質4.4g

作り方

① にんにくはみじん切りにする。ブロッコリーとカリフラワーは小房にわける。パプリカは一口大の乱切りにする。

▼

② 鍋ににんにくとAを入れ、中弱火にかける。

▼

③ 香りが立ちにんにくが色づいてきたら、カリフラワーを加えてふたをして3分ほど煮込み、ブロッコリーとパプリカを加えてさらに3〜4分ほど煮込む。

材料

にんにく…2かけ
むきえび（冷凍・大）…6尾
アボカド…½個
トマト…½個
A
唐辛子（輪切り）…ひとつまみ
塩…小さじ½強
オリーブ油…大さじ5

アボカドとえびトマの
アヒージョ

糖質 4.2g　　タンパク質 9.5g

作り方

1 にんにくはみじん切りにする。アボカドは6等分に切る。トマトは3cm幅のざく切りにする。

▼

2 鍋ににんにくとAを入れ、中弱火にかける。

▼

3 香りが立ちにんにくが色づいてきたらアボカド、トマト、むきえびを入れて時々返しながら5〜6分ほど煮る。

材料

にんにく…2かけ
えのき…1束
かぶ…2個
くるみ…50g

A
唐辛子（輪切り）…ひとつまみ
塩…小さじ⅔
オリーブ油…大さじ5

かぶとえのきのアヒージョ

糖質9.4g　　タンパク質7.6g

作り方

① にんにくはみじん切りにする。えのきは石づきを除いて大きめにほぐす。かぶは茎を残して葉を切り分け、半月切りにする。葉はざく切りにする。

▼

② 鍋ににんにくとAを入れ、中弱火にかける。

▼

③ 香りが立ちにんにくが色づいてきたら、くるみ、かぶ、えのきの順に入れてふたをして4分ほど煮込む。ざっくりと混ぜ合わせてふたをし、再び3〜4分ほど煮込む。

材料

にんにく…2かけ
なす…2本
ホールトマト（缶詰）…200g
ツナ缶…1缶（80g）

Ⓐ 唐辛子（輪切り）…ひとつまみ
塩…小さじ½強
オリーブ油…大さじ5

なすとトマトのアヒージョ

糖質7.6g　　タンパク質9.9g

作り方

① にんにくはみじん切りにする。なすは細めの乱切りにする。

▼

② 鍋ににんにくとⒶを入れ、中弱火にかける。

▼

③ 香りが立ちにんにくが色づいてきたら、ツナ、ホールトマト、なすの順に入れてふたをし、4〜5分ほど煮込む。ざっくりと混ぜ合わせてふたをしてさらに4〜5分ほど煮込む。

part 4

変わり種アヒージョ

材料

にんにく…2かけ
ちんげん菜…1株
きくらげ（乾燥）…2g
たけのこ（水煮）…50g

Ⓐ ｜ 唐辛子（輪切り）…ひとつまみ
｜ 塩…小さじ½
｜ ごま油…大さじ5

中華アヒージョ

糖質7.4g　　タンパク質1.4g

作り方

①
▼
にんにくはみじん切りにする。ちんげん菜とたけのこは一口大に切る。きくらげは水で戻してかたい部分を除き、一口大に切る。

②
▼
鍋ににんにくと**Ａ**を入れ、中弱火にかける。

③
香りが立ちにんにくが色づいてきたら、ちんげん菜、たけのこ、きくらげを入れて混ぜながら5〜6分ほど煮込む。

材料

にんにく…2かけ
玉こんにゃく…9個
Ⓐ │ 唐辛子（輪切り）…ひとつまみ
　│ 塩…小さじ⅓強
　│ オリーブ油…大さじ5
ローズマリー…適宜

玉こんにゃくのアヒージョ

糖質2.4g　　タンパク質0.7g

作り方

① にんにくはみじん切りにする。

▼

② 鍋ににんにくとⒶを入れ、中弱火にかける。

▼

③ 香りが立ちにんにくが色づいてきたら、こんにゃくを入れて回しながら4〜5分ほど煮込み、お好みでローズマリーを添える。

材料

にんにく…2かけ
アボカド…1個
のり…1枚
ピザ用チーズ…30g

A │ 唐辛子（輪切り）…ひとつまみ
│ 塩…小さじ⅓
│ オリーブ油…大さじ5

アボカドチーズのりの
アヒージョ

糖質 3.3g　　タンパク質 7.3g

作り方

①
▼
にんにくはみじん切りにする。アボカドは種を除いて横1cm幅に切って皮をのぞく。のりは3×5cm幅程度に切る。

②
▼
鍋ににんにくと**A**を入れ、中弱火にかける。

③
▼
香りが立ちにんにくが色づいてきたら、アボカドとのりを交互に並べるようにして入れる。

④
3〜4分ほど煮込み、チーズをちらして油をかけながらチーズが溶けるまで煮込む。

材料

にんにく…2かけ
カマンベールチーズ（ホール）…1個
トマト…½個

A
唐辛子（輪切り）…ひとつまみ
塩…少々
オリーブ油…大さじ5

まるごとカマンベールとトマトのアヒージョ

糖質 4.5g　タンパク質 10.5g

作り方

1 にんにくはみじん切りにする。トマトはざく切りにする。

▼

2 鍋ににんにくと**A**を入れ、中弱火にかける。

▼

3 香りが立ちにんにくが色づいてきたら、カマンベールを入れて油をかけながら4分ほど煮込み、トマトを加えて1〜2分ほど温める。

材料

にんにく…2かけ
木綿豆腐…1丁（300ｇ）
スライスチーズ…2枚
A 　唐辛子（輪切り）…ひとつまみ
　塩…小さじ²⁄₃
　オリーブ油…大さじ5
きざみのり…適宜

豆腐とチーズのアヒージョ

糖質 4.2g　　タンパク質 13.6g

作り方

① にんにくはみじん切りにする。豆腐は5等分する。

② 鍋ににんにくとAを入れ、中弱火にかける。

③ 香りが立ちにんにくが色づいてきたら、豆腐を入れ、油をかけながら4分ほど煮込む。

④ チーズをのせて1～2分ほど油をかけながら煮込み、チーズが溶けたらきざみのりをかける。

材料

にんにく…2かけ

木綿豆腐…1丁（300g）

パクチー…20g

味付きザーサイ…40g

A | 唐辛子（輪切り）…ひとつまみ
  | 塩…小さじ⅔
  | オリーブ油…大さじ5

ラー油…適宜

豆腐とザーサイのアヒージョ

糖質 4.4g　　タンパク質 11.2g

作り方

① にんにくはみじん切りにする。豆腐はスクエアの6等分にする。パクチーは3cm幅のざく切りにする。

▼

② 鍋ににんにくと**A**を入れ、中弱火にかける。

▼

③ 香りが立ちにんにくが色づいてきたら、ザーサイと豆腐を入れて4〜5分ほど油をかけながら煮込む。

▼

④ 豆腐が温まったらパクチーを入れ、お好みでラー油を垂らす。

材料

にんにく…2かけ
焼き豆腐…1丁（300g）
春菊…3株
A 唐辛子（輪切り）…ひとつまみ
　塩…小さじ²⁄₃
　オリーブ油…大さじ5

焼き豆腐と春菊のアヒージョ

糖質3.0g　タンパク質12.9g

作り方

1 にんにくはみじん切りにする。豆腐は9等分にする。春菊は茎のかたい部分を除いて5cm幅に切る。

▼

2 鍋ににんにくと**A**を入れ、中弱火にかける。

▼

3 香りが立ちにんにくが色づいてきたら、豆腐を入れて油をかけながら4分ほど煮込み、春菊の茎を入れて1分ほど煮込む。火を止めて春菊の葉を添える。

材料

にんにく…2かけ

小松菜…3株

うずらの卵（水煮）…8個

A
唐辛子（輪切り）…ひとつまみ

塩…小さじ1/3

オリーブ油…大さじ5

うずらの卵と
小松菜のアヒージョ

糖質2.6g　　タンパク質5.9g

作り方

1 にんにくはみじん切りにする。小松菜は4cm幅のざく切りにする。

▼

2 鍋ににんにくと**A**を入れ、中弱火にかける。

▼

3 香りが立ちにんにくが色づいてきたら、小松菜を入れて2〜3分ほど煮込み、しんなりとしてきたらうずらの卵を入れて温める。

糖質 2.5g　タンパク質 13.8g

厚揚げとハムのアヒージョ

作り方

1 にんにくはみじん切りにする。厚揚げはそれぞれを斜め半分に切る。

▼

2 鍋ににんにくと **A** を入れ、中弱火にかける。

▼

3 香りが立ちにんにくが色づいてきたら、厚揚げを入れて 4〜5 分ほど煮込み、ハムを加えて 1 分ほど煮る。

材料

にんにく…2 かけ
厚揚げ…2 枚（200g）
ハム…3 枚

A
　唐辛子（輪切り）
　　…ひとつまみ
　塩…小さじ ½
　オリーブ油
　　…大さじ 5

糖質2.5g　タンパク質7.6g

たっぷり三つ葉と卵のアヒージョ

作り方

1 にんにくはみじん切りにする。

▼

2 鍋ににんにくと**A**を入れ、中弱火にかける。

▼

3 香りが立ちにんにくが色づいてきたら、卵を落として油をかけながら1～2分ほど煮込む。

▼

4 黄身がお好みのかたさになったら三つ葉を加えて火を止める。

材料

にんにく…2かけ

卵…2個

三つ葉…1袋

A 唐辛子（輪切り）
　　…ひとつまみ
塩…小さじ¼弱
オリーブ油
　　…大さじ5

田村 つぼみ

料理家。栄養士。
短大卒業後、料理教室講師として勤め、料理研究家のア
シスタントを経て独立。毎日の"ふだんごはん"を無理せず楽
しく健康に！をモットーに、書籍や女性誌でのレシピ掲載を中
心に活躍。その他、飲食店や企業のメニュー開発のほか、
店舗立ち上げのプロデュースやCM制作等も行う。

http://www.tsubomi-t-cooking.com/
instafram：tsubomi_tamura

新装版
小鍋でいろいろ

アヒージョ

2021年1月30日　初版発行

著者　田村つぼみ
スタイリング　上杉沙織
編集　富永玲奈
撮影　高橋宜仁　示野友樹（ヒゲ企画）
デザイン・DTP　梅里珠美（北路社）
印刷・製本　株式会社シナノ

発行者　近藤和弘
発行所　東京書店株式会社
　　　　〒113-0034　東京都文京区湯島3-12-1
　　　　ADEX BLDG.2F
　　　　Tel.03-6284-4005　Fax.03-6284-4006
　　　　http://www.tokyoshoten.net

Printed in Japan
ISBN978-4-88574-588-1